RESPONCE
A VN PLAIDOYE'
intitulé, Le Secretaire.

A PARIS,
Chez IEREMIE PERIER, tenant
sa boutique sur les degrez de
la grand salle du Palais.

MDCIX.
Auec Priuilege du Roy.

RESPONCE AV
Plaidoyé des Reliefs Forenses, intitulé, le Secretaire.

Ly a peu de iours, qu'ayāt rencontré vn liure intitulé Reliefs Forenses, composé par vn nōmé Roüillard, Aduocat en Parlement, il me print enuie de voir les subiects dōt il traicte. Entre lesquels en ayant trouué vn, qu'il nomme le Secretaire, ie m'y arrestay comme à chose qui regarde ma professiō & ma qualité. Mais apres l'auoir leu, ie trouuay qu'au lieu de Secretaire, il escrit contre ceste qualité, auec tant de mespris, & si indignement, qu'il faudroit estre sans cœur pour ne s'en point ressentir, & du tout muet pour s'en taire. C'est pourquoy en ayant communiqué auec quelques vns de mes cófreres, ils me conseillerēt d'entreprendre ceste deffence, me representans qu'outre l'interest que i'y ay auec tant d'autres, c'estoit chose de soy iuste, hóneste, & permise. Et bié que ie leur representasse qu'il y en auoit plusieurs en nostre cópagnie qui s'en pouuoient mieux & plus dignement acquiter que moy, qui ne suis que des moindres, leur persuasion toutesfois emporta mes excuses, & de ceste façon ie me resolu à ce que ma retenue & ma discretion ne m'eussent peut-estre pas permis de faire. Mais quelle retenue & quelle discretió y peut-il auoir enuers ceux qui n'en ont point du tout? C'eſt entretenir leur inſolence que de la diſſimuler, c'eſt l'approuuer que de ſ'en taire, & l'accroiſtre que de l'endurer. Si ceſt homme ſe fuſt tenu aux termes de ſa cauſe, & que ſans paſſer outre, il euſt ſeulement dit ce qui la pouuoit rendre meilleure, ie n'euſſe ſouhaité ſinon qu'elle n'euſt point eſté publique: mais d'eſtre ſorty ſi deſmeſurémēt & de ſa queſtion, & de ſoy meſme, pour entreprendre le general, & dire de noſtre qualité des choſes que iamais autre que luy n'a ſeulement penſees; Seroit-ce pas ſ'en rēdre digne que de les ſouffrir ſans reſponſe? Toutesfois pour euiter ce que la paſſion, & ce iuſte reſſentiment me pourroient excuſer de luy dire, ie viendray du premier coup au ſubiect: & pour commē-

B ij

cer par le tiltre, ie laisseray premierement à iuger, s'il y auoit beaucoup d'apparence de donner ce nom de Secretaire à vn simple plaidoyé, qui ne regarde que l'vne des circonstances de nos priuileges. Il estoit question de sçauoir si les biens d'vn Secretaire du Roy se peuuēt, au Maine, partager noblemēt. Qu'estoit-il besoin pour cela de qualifier ce discours Secretaire? Quel subiect auoit-il de luy dóner vn tiltre si specieux? C'est volótiers qu'il ne s'en pouuoit imaginer vn moindre pour son merite, que celuy que nous appellons par excellence: car il en fait par tout de mesme, appellant Medecin celuy où il parle de la Medecine; Aduocat du Roy, celuy où il parle des Aduocats, & ainsi des autres, comme si tout ce que cest homme touche receuoit incontinent la perfection, & qu'il ne s'en peust dire autre chose. Mais pource que la vanité se trouue bien souuent aux plus grands esprits, & que tous ceux qui en ont eu, n'ont pas laissé de se monstrer fort eloquens & iudicieux au reste. Voyons si en cestuicy nous pourrons trouuer le mesme.

Ma langue, dit-il, *n'est pas icy comme la plume du scribe escriuant vistement, & ma plume ne roule pas sur ceste mer de cire, de mesme que la galere, de qui le vent poupier bat & rebat les voiles.* Auec deux beaux vers de Perse qu'il raporte aussi pitoyablemēt que le reste: Et puis continue: *Car l'vne ayāt en apparāce à parler cōtre les Secretaires, demōstre euidēmēt que ceste actiō luy est à cōtrecœur pour ne violer la fraternité de la plume,*

A iij

sans l'aide de laquelle ses parolles s'en iroiēt en fumée, & sa voix se perdroit dās le vague de l'air: comme aussi l'autre estant contrainte de prime face d'escrire au desaduātage de ceux à qui la plume sert de marque d'hōneur, & qui en font leur plus noble trophée, refuit & abhorre ce triste ministere, pour n'estre veue si desnaturee que d'auoir tourné sa pointe contre soy-mesme, & par ses armes propres ruiné son Empire.

Voyla à mon aduis où il pense auoir pour le moins aussi bien dit qu'en nul autre endroict; car c'est volontieres au commencemēt ou lon s'appreste le mieux, & où il faut aussi le plus soigneusement prendre garde, pource que c'est de là qu'on iuge communemēt le reste. Ma langue n'est pas icy comme la plume du scribe escriuant vistement,

& ma plume ne roule pas sur ceste mer de cire. Quel iugement ferez-vous là dessus, s'il a seulement escrit ou prononcé ce plaidoyé? ou s'il a fait l'vn & l'autre côme il semble vouloir que l'on croye? Toutesfois il y a beaucoup plus d'apparence qu'il l'aye seulement escrit, & de l'ancre qu'il rapporte dans ses deux premiers vers : car qui ne sçait que la Cour ne permet nullement ces façons de parler? & que ce seroit luy faire autant de tort qu'à nous de le croire? *Ma langue n'est pas icy comme la plume du scribe.* Ce n'est pas sans desseing qu'il a dit ce mot; car pource qu'il fera tátost comparaison du Secretaire auec *Scriba*, il imite tout du commencement ce texte de la saincte Escriture, lequel encore qu'il soit de Matines, ne reuient toutesfois icy non plus

qu'y feroit le Magnificat. *Et ma plume ne roule pas sur ceste mer de cire.* Quelle façõ? quelle figure de parler est-ce cy? *Ma plume ne roule pas de mesme que la galere.* Qui a iamais ouy dire qu'vne plume roule, & encores moins vne galere? On dit voler de la plume: on dit rouler sur la terre: on dit voguer sur la mer. Mais tout cela est commun, & ce grãd & superbe esprit ne veut rien dire qui ne soit rare, singulier, & du tout inouy. *Sur ceste mer de cire.* Quel hyperbole est-ce cy pour vn commencement? & qui ne s'estonneroit de voir dés le port qui est communement doux & paisible, *ce vent poupier, ce battement & rebattement de voiles,* qui emportent la barque de ce pauure homme, où il semble ne vouloir pas aller luy mesme?

Car

Car l'vne ayant en apparãce, c'est à dire sa langue, *à parler contre les Secretaires demonstre euidemment que cest action luy est à contrecœur.* Que direz vous de ceste apparéce? croiriez vous pas qu'il parlera tantost en nostre faueur? & de ceste demonstration quelle cause precedente en trouuerez vous? Mais il n'y a autre apparence en tout ce commencement, sinon qu'il ne sçait bonnement ce qu'il pourra dire, & ce qui suyt puis apres ne demonstre autre chose sinon au lieu de contrecœur vne gayeté de cœur qu'il a eue de nous offencer.

Sans l'aide de laquelle, sçauoir est de sa plume, ses paroles s'en iroient en fumée, & sa voix se perdroit dãs le vague de l'air. Et bien ie vous accorde cest air & ceste fumée, pource que ie sçay que vous les aymez.

B

Côme aussi l'autre estant côtrainte de prime face d'escrire au desaduātage de ceux à qui la plume sert de marque d'hôneur, & qui en fôt leur plus noble trophee. Qu'entédez vous par cela? est-ce par honneur, ou bien par mespris que vous le dittes? si c'est par hôneur, q̃ respondrez vous des iniurieuses parolles que vous escriuez puis apres? si c'est par mespris, comment vsez vous de la fraternité de la plume? Mais quoy qu'il en soit, comment osez vous dire *que nous en faisons nostre plus noble trophée?* Il sembleroit à vous voir que cela vinst plustost de nous que nō pas de vous mesmes, & par consequent qu'il n'eust besoing d'autre preuue; mais il vient purement de vous seul & de la façon que vous l'explicquez. il ne conuient non plus à nostre profession qu'à la vostre, ce triste ministere, ceste plume desnaturee qui se tourne contre soy-mesme, & par ses armes propres ruine son Empire.

I'en pourrois de suite amener vne infinité de preuues que ie reserue en leur ordre: Mais en voulez vous vne plus manifeste que ceste-cy? Vous dites au fueillet suyuant *Que le subiect particulier de ceste cause ne touche ny prés ny loing au general du corps, & au 716. Que l'office de Secretaire a esté reputé en toutes Republiques & Monarchies pour vil & mecanique.* Quoy doncques? auez vous bien pensé que cela ne nous deust non plus toucher que ceste manifeste contradiction vous a faict? & que nostre stupidité deust confirmer ceste iniure? Or pource que ie me suis dés le commencement proposé de me retenir au-

B ij

tant que vous vous estes laissé aller, & vous traiter auec autât de raison que vous en auez en cest endroit máqué, en voicy les autres tesmoignages.

Sans toucher, dites-vous, *à l'honneur de ceux qui pensent auoir mis ceste function à son relief*, C'est l'exception que vous mettez deuant ceste derniere proposition. Mais dites moy ie vous prie, comment pourriez-vous declarer vn *office*, & mesmes vn tel que cestuy-cy, *vil & mecanique*, sans toucher à l'hôneur de tous ceux qui s'en qualifiét? Ils se denôment ainsi que les choses selô la plus noble partie qui soit en eux. Côment diriez-vous donques qu'vn seul peust euiter l'iniure que vous faites à tous? Dauantage, auec quelles paroles y procedez vous? Si vous eussiez dit que c'estoit sans toucher à l'honneur de ceux qui ont mis ceste fóction à son relief, encores eussiez vous à peu pres parlé nettement, mais d'auoir adiousté *qui pensent l'y auoir mise*, ce n'est pas tant aduouer la chose, qu'accuser de presómptió ceux qui s'en peuuent vanter, & de ceste façon vous vsez si mal de vos graces mesmes que ceux que vous semblez fauoriser s'en peuuent iustement offenser.

Ainsi voila vostre proposition generalle separee, voyons maintenant dequoy vous la souftenez. *Eumenes*, (dites vous immediatemét) *estoit premier Secretaire d'vn grand Empereur, cóme qui diroit Alexandre &c. toutesfois de grand escuyer dudit Alexandre ne laissoit pas de l'auoir à mespris voire à chaque bout de chāp luy reprochoit la plume*

B iiij

& *l'escritoire.* O le grand tesmoignage que voila du premier Secretaire d'vn grand Empereur, côme qui diroit Alexandre. C'est donc chose douteuse si c'estoit d'Alexandre mesme: mais voyez ie vous prie la belle consequence. *Le grãd escuyer dudit Alexandre l'auoit à mespris,* Ergo, sa qualité estoit mesprisable? Aiax mesprisoit Vlysses Ergo l'eloquence est mesprisable? Cela seroit bõ à dire à quelque rodomont. Mais à vous qui sçauez bien, ou deuez sçauoir, que les gés d'espee ne font pour te regard aucune difference entre, vous & nous. N'est-ce pas ruiner (vostre Empire aussi bien que le nostre) Et d'auoir adiousté qu'*Alexandre le Grand auec cela l'auoit honoré de sa Lieutenance aux Indes.* Est-ce monstrer qu'il mesprisast autant ceste qualité que faisoit son grand Escuyer: & vous encore dauantage? Mais que n'adioustiez-vous à cela qu'Alexandre le Grand fit cest Eumenes son beau frere, qu'il fut l'vn de ses successeurs, & seul de tous les autres que Plutarque a iugé digne de tenir rang entre les hômes illustres. Tout cela eust encores merueilleusemēt releué vostre preuue.

Eschines, dites vous en suite, le Secretaire de la Republique d'Athenes à force d'auoir recueilly des harangues aux pieds du magistrat, deuint vn eloquent & fameux orateur, Neantmoins és disputes que Demosthene eut contre luy, il ne pensa luy pouuoir faire plus grand despit que de luy reprocher qu'il l'auoit veu au bas de la tribune faire le Secretaire, &c. A ce cōpte là tous ceux qui se meslent d'escrire & de recueillir quelque sermon ou quelque harangue sont Secretaires, & Isocrate & Demosthene mesme estoient en leur ieunesse des Secretaires; car on en dit la chose mesme que vous faites d'Eschines, Mais encor y auroit il plus d'apparance d'appeller Secretaires ceux qui font auiourd'huy mesme chose que ces autres qui estoient plus de quinze cens ans auparauant que ce nom fust par vostre confession mesme, inueté: car il y a ce temps là d'Eschines & de Demosthene iusques à celuy de Philippes le Bel, au regne duquel vous l'attribuez, & dites *qu'il est bien difficile de trouuer marque plus anciëne de l'origine de ce nom,* ie vous nommeray toutesfois autheur digne de foy qui en a parlé plus de sept cens ans auparauant.

Mais pource que ce sont les plus
forts

forts tesmoignages que vous auez peu, & qui se peuuent trouuer, du mespris que faisoient les Grecs de ceste qualité, voyons les Latins qui suyuent immediatement apres.

A Rome (dites vous) *l'office de l'Edilité qui estoit le moindre de tous ceux de ville, fut refusé à Cneus Flauius, pource qu'il faisoit l'estat de Secretaire, tellement qu'au tesmoignage de Tite Liue & Aulugelle il fut contraint de s'en desister & deffaire auant que de pouuoir paruenir à aucun magistrat.* Vous auez aux deux tesmoignages precedens monstré vostre iugement, voyons en cestuicy vostre fidelité. *A Rome l'office de l'Edilité estoit le moindre de tous ceux de ville.* Vous pensiez à mon aduis dire le premier degré d'hōneur. Mais voyons vn peu la difference qu'il y a de l'vn à l'autre. Ediles s'appel-

C

loient ainsi *ab ædibus*, à cause des bastimens sacrez, publiqs & particuliers sur lesquels ils auoient la superintendance, mais outre cela ils l'auoient, & par les douze tables, sur les viures, sur les sacrifices, sur les ieux publiqs, & vsoient, dit Fenestella, des ornemens royaux. Il y en auoit de deux sortes, desquels les Curulles, comme fut ce Flauius estoient les plus honorables, & selon l'opiniõ de plusieurs, affectez à ceux qu'on appelloit Patriciens, Crassus & Cesar qui estoient de ces familles l'exercerent : & Ciceron en sa septiesme oraison contre Verres ne se väte gueres moins d'auoir eu cest honneur qu'il fait en plusieurs autres de son Consulat. Si cela ne vous suffit, que respõdrez vous de ce que Pline rapporte, que deux fils de Consuls la briguerent contre ce Flauius qui leur fut preferé; de ce que celuy qui a traduit ce grand autheur en noſtre langue accompare ceſte charge d'Edile à celle de grand Voyer: de ce que Tacite au commencement de ſes Annales dit, Qu'Auguſte pour appuyer ſa dominatiõ eſleua le fils de ſa ſœur à ceſte charge: & de ce que Pomponius Lætus teſmoigne en fin qu'elle paruint iuſques à la Majeſté Conſulaire & Imperiale. Ces auctoritez ſeroient exceſſiues, ſi vous n'auiez ſi exceſſiuement abaiſſé ceſte qualité pour abaiſſer la noſtre encores dauentage.

Mais pour en iuger plus clairement voyõs les autheurs meſmes que vous alleguez. Tite Liue ſur la fin du 9. liure de ſa premiere Decade dit ces meſmes paroles. Cnæus

C ij

Flauius Scriba venu de petit lieu, & d'vn pere libertin, au reste habille homme & eloquent, fut Edile, Curulle : & au lieu de ce que vous dites, *qu'il luy fut refusé à cause qu'il faisoit l'estat de Secretaire* (sans repeter le temps que ce nom fut incogneu) voicy comme il cõtinue : I'ay trouué dans quelques Annales que ce Flauius seruant de Huissier aux Ediles, & voyant que les Tribus faisoient difficulté de l'aduancer à ceste charge *quod scriptum faceret*, il s'en desista, & iura de ne s'en mesler plus.

Ce n'est doncq pas comme vous dites, à cause qu'il faisoit l'estat de Secretaire ou de Scriba, cõme vous voudrez, car puis que vous estes vn des plus grãds Docteurs de ce siecle, dites moy ie vous prie si vous voudriez soustenir que l'vn & l'autre feuſſent vne meſme choſe. Ie voy que Tite Liue y fait difference; ie voy qu'il diſtingue en ceſt endroit ſon teſmoignage de celuy d'vn autre : ie voy dauantage que voſtre ſecond autheur Aulugelle ne nóme non plus ce Flauius Scriba, que Secretaire, mais en dit ſeulement à peu pres les dernieres paroles de Tite Liue, qu'il dit encore auoir trouuees dans vn autre autheur: ie voy finalement qu'vn des plus habilles autheurs de ce ſiecle dit que *ſcriptum facere*, eſt ſeulement à dire, gaigner ſa vie à eſcrire, & voſtre Dictionnaire du droict, manier la plume. Que penſez? que voulez vous donc que l'on croye de vous là deſſus?

Ce n'eſt pas toutesfois tout, car quand bien vous trouueriez quel-

C iij

que subtilité pour ioindre ce *scriptum facere*, & *Scriba*, autremēt que comme copiste & Secretaire de sainct Innocent, comment accorderiez vous Tite Liue qui est vostre principal autheur en cest autre endroit, où parlant de ce Secretaire du Roy Porsena, que Sceuola prit au lieu de son maistre, il ne luy donne autre nom que celuy de *Scriba*? & comment pourriez vous dire que Ciceron, qu'on tiēt auoir esté si vain, eust dóné le nom de sa famille, qui estoit vne singuliere faueur à vn qui portoit ceste qualité; qu'il se fust en l'oraison qu'il a faite pour sa maison, vanté du tesmoignage que les Scribes auoient rendu de luy pour son retour, & publiquement dit, qui trauaillent auec nous pour ce qui est des iugemens & finances, s'il en eust tenu la qualité telle que vous le voulez persuader.

Mais pour môstrer en fin qu'elle n'empeschoit pas de paruenir aux plus grāds Magistrats, ce que Ciceron rapporte de ce *Scriba*, qui du temps de Cesar fut Preteur pourroit suffire. Mais ignorez vous non plus l'histoire de ce Cicereius *Scriba*, dōt Valere le grād parle si dignement. Il fut (dit-il) preferé en la Preture au fils de Scipiō le premier Africain, mais pour l'amour du pere, pres duquel il auoit esté, il ceda l'honneur qui luy estoit faict au fils, & de ceste façō dit vn autre, il s'en acquist vn plus grand. Il se l'acquist voirement en particulier, mais aussi feit il à tous ceux à la qualité desquels on voudra rapporter la siéne, de sorte qu'en quelque façō que vous le vou-

liez prendre, & par le tesmoignage des plus approuuez autheurs
de la langue Latine, & par ceux
mesmes que vous auez amenez,
le meilleur de vos fondemens e-
stant tel qu'on le peut maintenant
voir, ie laisse à penser ce qui se doit
attendre des autres, & de tout ce
que vous auez basty dessus.

Car pource que vous rapportez
de Caton d'Vtique, dictes moy ie
vo⁹ prie si vous voullez que nous
adioustions plus de foy à vostre
dire que celuy d'Amyot qui a traduit l'autheur que vous alleguez?
Or s'il a parlé en cest endroit de
Secretaire, ie veux qu'on tienne
pour vray tout ce que vous en a-
uez dict, si au contraire il n'en parle nullement, mais rapporte sous
tous autres noms ceux dont vous
parlez, comment vous excuserez
vous

vous de porter si peu de respect à ceux desquels vous voyez que ce grād personnage a mesmes respecté le nom?

Ce sont toutesfois suppositions qui auroient quelque apparence, si on les receuoit comme vous les dites: Mais que pourra on penser de ce que vous rapportez puis apres si visiblement & cōtre le sens commun, & contre vous mesmes? Et premierement, *de ceste braue response,* que vous dites, *que Ciceron fit à Hortensius, qui vouloit defendre les Secretaires de Verres, & alleguer les priuileges & les prerogatiues de cest ordre.* Quoy? est-il possible qu'vne qualité que vous dites qui a esté tenuë en toutes Republiques & Monarchies pour vile & mecanique eust entre les Romains des priuileges & des prero-

D

gatiues? Et puis, quelle brauade pouuez vous dire qu'eust fait vn orateur à vn autre? & contre des personnes ausquelles le plus grád honneur que vous leur faites, c'est de les appeller de la plume? Mais afin de voir ceste brauade en François, comme vous la rapportez en Latin, en voicy le commencement: *L'ordre est honneste, qui le nye? où qu'est-il besoin d'en parler? Il est honneste certes, pource qu'à la fidelité de ces hommes les registres publicqs & les iugemens des Magistrats se commettent.* Que ne suiuiez vous donc comme fait Ciceron en ceste sorte? Or qu'on demáde à ceux qui sont dignes de cest ordre, hommes vertueux & hónestes, ce qui leur semble de ces exactiós, vous les voyez desia tous dire en eux mesmes, que c'est chose du tout extraordinaire & indigne : Mais apres auoir sauté cela, vous reuenez à ce qu'il dit en suite : *Ramenez moy dõc si vous voulez à ces Scribes* (c'est à dire) à ceux dont il a parlé, & qu'il appelle auparauant *sanstissimos atque innocentissimos.* Mais n'en demandez pas à ceux lesquels apres auoir tiré quelque somme d'argent de la bource des prodigues & desbauchez, & du theatre des comediens du premier ordre (qui estoit le moindre) se disent du secõd, (c'est à dire de celuy des cheualiers qui estoit entre le Senat & le peuple) *I'en ay,* poursuit-il, *à ces premiers ausquels ce crime n'est pas peu odieux, & qui portent assez impatiemment que les autres soiẽt de leur qualité :* Mais ie m'estonne qu'en cest ordre qui est proposé à la vertu & au merite, il s'en trouue neantmoins de si

D ij

indignes, & qu'à prix d'argent il soit permis à qui que ce soit d'y paruenir. Si de ceste façó vous eussiez distinctemēt touché les personnes sans embrasser non seulemēt le corps, mais aussi tous ceux qui en portēt le nom, & en toutes Republiques & Monarchies, peut estre nous eussiez vous vn peu plus empeschez à vous faire responfe, encore que pour le sieur de Gaucheri pere de voz parties, il eust esté tresfacile, puis qu'outre ceste qualité que chacun sçait qu'il a dignement tenuë iusques à sa mort, il a aussi esté honoré de plusieurs autres charges. Mais sans toucher le merite des autres que ie reserue en leur lieu: Quand en ceste compagnie il s'en trouueroit quelques vns ausquels ce qu'à dit Ciceron se pourroit rapporter, quelle comparaison y a-il du subiect de vostre oraison à la siéne? & puis, quelle cõsequence pourriez vous tirer du particulier au general? & de la personne à la qualité? Ne pourroit on pas conclure a plus forte raison contre tous ceux qui sont de celle qu'estoit ce Verres, scauoir est gouuerneur de prouince, ce que Cicerõ a esté blasmé de cõclure trop doucement cõtre luy. Et par ceste reigle, Quelle cõdition? Quelle qualité? Quelle dignité me pourriez vous dire qui se peut sauuer des choses que vous dites contre la nostre?

Cela toutesfois ne vous suffisoit pas encores si vous n'eussiez dit, *Que non seulemẽt pendant que la Republique Romaine se tint en estat d'Aristocratie, ains aussi depuis qu'elle fut conuertie en principauté, les Secretaires y menerent vn train si abiect &*

D iij

sordide qu'ils faisoient traffiq de marchandise, encores que la Loy Claudienne le leur eust deffendu. Abiect & sordide est encore pis que vil & mechanique, mais pource qu'il est moins general, aussi m'y arresteray-ie moins; & toutesfois pour ne laisser point ceste tache à ceux que vous offésez pour l'amour de nous, ie vous respódray en vn mot que tant s'en faut que le traffiq de la marchandise soit abiect & sordide, que c'est l'vn des honnestes moyens par lesquels les meilleurs politiques ont tenu & tiennent qu'vne Republique se peut enrichir. Ie ne veux point louër Caton le Censeur de la façon que Plutarque raporte qu'il traffiquoit, mais tousiours est-ce pour monstrer qu'il le pouuoit faire, & qu'il n'estoit par consequent deffendu à nul autre en ceste Aristocratie que vous dites, où le peuple auoit neantmoins la souueraineté. Mais qui ne sçait aussi l'histoire de Pomponius Atticus, ce grand & familier amy de Ciceron, qu'on dit qui prefera ceste condition aux premiers honneurs ausquels la grandeur de son esprit, de sa maison & de sa fortune l'appelloient? Que pensez vous qu'en estiment les Gentils-hommes, les Princes, & les souuerains mesmes d'Italie, & de tout plain d'autres Estats, qui en font vne bonne partie de leur reuenu, & le font manier par leurs principaux officiers? Ie ne veux point m'estendre sur le preiudice que vous faites en cela au publicq, de fouler aux pieds vne condition qui n'est que trop mesprisee entre nous. Mais posons le cas que la loy

Claudienne euſt iuſtemẽt deffendu à ceux que vous appellez Secretaires de faire traffiq de marchandiſe, quelle iniure en pouuez vous inferer contre la qualité? & qui ne voit au contraire qu'elle eſt plus à ſon honneur qu'à la honte de ceux qui en abuſoient, en ce qu'elle leur deffendoit de traffiquer, tout ainſi que celle du Royaume fait à tous ceux qui portent le tiltre de Nobleſſe.

C'eſt pourquoy ie ne puis que ie ne m'eſtonne & penſe que ce ſoit auec raiſon de ce que vous dites puis apres, *que c'eſt pour demonſtrer qu'il n'y eut iamais de nobleſſe en ceſt ordre* : Car dites moy ie vous prie comment voudriez vous autrement prouuer le contraire? I'ay cy deuant dit que du premier ordre celuy qui paruenoit à l'vne de
ces

ces qualitez se disoit de celluy des cheualiers. Manutius est pour cela mon garand, & Ciceron mesme en ce qu'il dict que les Empereurs, c'est à dire, ceux qui commandoient aux armees apres auoir vaincu les ennemis, ou faict quelque grand seruice à la Republique donnoient en la presence de l'armee ou du peuple, les anneaux d'or aux Scribes. Les Cheualiers estoiēt ils dōc d'autre ordre que de celuy de la Noblesse? & ce tiltre de *Clarissimus* que vostre Iustinian mesme donne au Scribe pretorien pouuoit il appartenir à de moindres?

Mais pour monstrer aussy que ceste lumiere des lettres plustost que de *l'Academe de Louuain Lipsius* nous est aussi fauorable que le reste, voyons l'endroit sur lequel

E

vo⁹ le rapportez. C'est sur le sixiesme chapitre des Annalles que vous alleguez, où Tacite dict que s'estant meu vne plainte de la malice des affrachis, & proposé de reuocquer la liberté de ceux qui s'en estoient rendus indignes, l'vne des plus fortes raisons qu'on proposa à l'encontre fut, que de ce corps auoiét esté remplies les Tribus, les Decuries, &c. & sur ce mot Decuries, Est, ce dit Lipsius, des Iuges ou bien des Scribes qu'il entend ? I'estime, respond il, des Scribes desquels l'ordre estoit grand & honneste à Rome. S'il eust esté autre, pensez vous que l'Empereur & le Senat eussent pour leur respect rejetté la proposition susdite ? & croyez vous que Lipsius ait formé ce doute des Iuges & des Scribes pour vous permettre d'en parler

comme vous auez fait? Direz vous
en fin que pour en confirmer ou
esclarcir les preuues, il eust comme
vous rebroussé iusques à Xerces, &
recherché Flaccus & Philon Iuif en
Egypte, en Iudee & en Perse.

De peur de nous y esgarer auec
vous retournons où vous dites
Qu'il n'est pas iusques au poëte Ho-
race, à qui l'insolence de ces libertins
nouuellement pourueuz des estats de
la plume nayt prouocqué le fiel de son
vers satyrique. Et bien il s'est mis
en collere contre quelque vns,
qu'en voulez vous inferer côtre les
autres? Sa Satyre est côtre quelques
Scribes, ergo elle est contre leur
qualité? Mais qui ne sçait au contraire que la Satyre regarde seullement les personnes? & que pour
le subiet qu'elle prend c'est ordinairement des plus apparés du sie-
E ij

cle? de sorte qu'on en peut dire ce qu'on faisoit anciennement de l'ostracisme d'Athenes, qu'elle offéce & honnore tout ensemble ceux ausquels elle s'addresse. Toutesfois pour monstrer qu'Horace mesmes n'a iamais seulement pensé à ce que vous luy voulez faire dire, qu'õ voye la huitiesme Epistre qu'il escrit à Celsus, lequel il appelle cõpagnõ & Scribe de Nerõ, & qui plus est, ce que Suetone escrit de luy mesme sur la fin de son histoire. Horace, dict il, apres auoir merité la charge de Mareschal de cãp en l'armee de Brutus *scriptum quæstorium comparauit*, qui estoit ce que nous pourrions dire Secretaire du conseil, ou Controleur general des Finances. Il rapporte dauantage qu'Auguste escriuant à Mœcenas, le prie de faire en sorte qu'Horace se vienne rendre pres de luy, afin de luy aider à faire ses despesches ausquelles il dit qu'estant ieune il auoit bien peu suffire, mais que son aage & les grandes affaires qu'il auoit lors ne le luy permettoient plus. Quoy donc? ce que le premier, le plus grand & le plus estimé Empereur des Romains se vante luy mesme d'auoir fait, sera estimé vil & mecanique? cela passe toute sorte d'imagination, & ne laisse plus rien à dire.

Mais pource que vous semblez reuenir en disant *que ce n'est pas toutes fois qu'on ne veille recognoistre ce mot estre Homonyme*, voyos encore si vous y rencontrez beaucoup mieux qu'au reste. Il n'y a personne si peu entédu qui ne sçache qu'homonyme est vn nom qui signifie diuerses choses, comme celuy de

E iij

Dame, vne bourgeoise & vne Princesse, celuy de Sire, vn artisan & vn Roy, & cependant vous concluez que tous ceux dont vous parlez n'ont autre exercice que celuy de la plume. S'ils n'en ont point d'autre, il faut qu'ils soient tous semblables & s'ils sont tous semblables que ces qualitez de Scribes, greffiers, notaires de basse estoffe, & autres menues gens aussi bien que les Secretaires soient plustost synonymes, qui ne signifiét qu'vne mesme chose. Dauátage ce terme de toutesfois promet tousiours quelque chose de different à ce qu'on a dit auparauát, ou qu'on le veut abbaisser s'il a esté releué, ou qu'on le veut releuer s'il a esté abbaissé: & vous tout au contraire apres auoir tant que vous auez peu raualé ceste qualité de Secraitaire vous luy iettez encores ces

dernieres pierres, & pour en engra-
uer dauantage l'iniure & le mespris
vous offencez des personnes qui
n'en peuuent mais, vous trompez
l'attente des lecteurs, vous changez la signification des parolles: &
de ceste façon ne leur laissez aucun
subiect de louange sinon d'estre
esgalles à leur sens.

I'en pourrois encores tirer de
meilleur des Poëtes qui suiuent
puis apres, & de l'horoscope auec
lequel vous confirmez vostre discours. Mais pource que cela & la
plusparc du reste est ou plus foible
ou plus facile à tourner en nostre
faueur que ce que i'ay remarqué
cy dessus, ie m'arresteray seulemét
au fueillet 626. où vous dites.

*Que c'est chose estrange comme les
offices de Chancelier, de Referendaire
de Notaire & Secretaire se sont chā-*

gez & reuersez les uns sur les autres, de sorte qu'à comparer ce qu'ils ont iadis esté auec le temps present, on trouuera que le plus grand a pris le nom du plus petit, mais que le plus petit n'a peu supporter les grades du plus grand. Ce seroit à la verité chose estrange de croire ces choses comme vous les rapportez, mais de les prendre comme elles sont, il ne s'y trouuera rien d'estrange. Les offices de Chancelier, de Referendaire &c. se sont changez & renuersez les uns sur les autres, Qu'entédez vous par cela? Si c'est en effect pour les offices regardez ce qui s'é ensuit. Il faut que vous aduoüiez que ce qu'est maintenant le Chancelier, le Secretaire l'a autresfois esté, & que de ceste façon vous heurtiez encores plus rudement que vous n'auez faict ceste proposition generale

qui

qui n'est limitée de terme quelcō-
que. Mais non c'est seulement des
noms que vous entendez, & bien
qu'y trouuez vous de si estrange?
Ie m'estonne comment vous pre-
nez ainsi toutes choses à contre-
poil; car dictes moy ie vous prie:
Qu'y a il de plus cōmun au monde
que le changement des noms?
Ie voy toutesfois biē le secret, c'est
que vous voulez dire *que le plus
grand ayant pris le nom du plus petit
& le plus petit n'ayant peu supporter
les grades du plus grand*, c'est à dire,
que le Chancelier ayant prins le
nom du Secretaire, & le Secretaire
ne pouuant supporter les grades
du Chancelier, il s'ensuit. Quoy
que s'ensuit-il de cela? Ie ne sçay
plus quelle regle il faudroit prendre pour raisonner auec vous: car
si c'est au premier poinct quel plus

F

grād hōneur sçauriez vous faire à noſtre nom que de dire que celluy du premier magiſtrat de France en vient? ſi au ſecond, comment voullez vous qu'il ſe trouue des qualitez qui ayent les meſmes grades qu'vne qui eſt vnicque? Mais en quelque façon que ce ſoit, commét auez vo⁹ oſé toucher vne qualité dont le ſeul nom eſt & vous doibt eſtre en honneur & en reuerence?

Auſſi eſt-il, me reſpondrez-vous, car ie dis incontinent apres, que *Budee* dit, que *Chancellier eſt le ſolſtice des Magiſtrats de France*; Et vous qu'en dites vous? Qu'il eſt certain que ce mot de Chācellier ne ſignifioit anciennement qu'vn *Notaire & Secretaire*, ainſi appellé à *Cācellis*, qui eſtoiēt de certains trellis & baluſtres de fer que l'on voit encore pour remar-

que aux estudes des Notaires de Paris
& d'ailleurs. Mais pour abreger dites
moy ie vous prie, cōment auez
vous nōmé ce grād Autheur pour
vous y accorder si peu, & en cest
endroit mesme? Budee dit que ce
nō de Chācellier n'est point Latin,
si nous ne voullons croire qu'il vienne
à *Cancellando* qui n'est pas encores
assez Latin; & vous voulez
qu'il vienne à *Cancellis*, qui en est
aussi esloigné qu'vn solstice l'est
de l'autre: car afin de n'opposer
point ses tesmoignages à ceux ausquelz
vous consommez trois feillets
de papier: Nyerez vo⁹ que tous
ceux qui ont voulu honorer
ceste dignité n'ayent separé son
nom du rang où vous la mettez:
les vns disans qu'il est originaire
comme celuy de Connestable &
:s plus grands officiers de France,

F iij

les autres que ce verbe *Cancellare* signifie le pouuoir qu'il a de canceller rompre & biffer les lettres qu'il ne trouue pas de iustice; ou autrement la rigueur du droict, estant comme souuerain Iuge de la clemence du Prince. C'est pourquoy le reste nous important beaucoup moins que cecy, ie me cōtenteray pour ne vous rendre pas plus coulpable, de dire qu'ayant comme vous auez mesprisé l'autorité de tant de grands & signallez personnages pour establir la vostre, ie pense auoir eu iuste subiect de la reietter pour deffendre nostre cause, & celle de la verité tout ensemble. Mais afin qu'elle se voye encore plus clairemēt qu'elle n'a fait iusquesicy, & hors des tenebres ou vous l'auez pēsé mettre par des preuues dōt voᵘ auez creu, que l'antiquité osteroit la cognoissance, ie supplieray les lecteurs de lire ce que i'en recueille & rapporte cy apres le plus iustement, & auec le moins d'aduantage qu'il se peut faire; se representás en recompence que si ie suis, comme ie me recognois l'vn des moindres en ceste charge, aussi ce que i'en ay dit, & pourray dire n'est que la moindre partie de ce qui se pourroit attendre des autres.

En refutát ce que dessus i'ay dómonstré que la qualité *de Scriba*, sur laquelle il a principallement fondé le mespris de la nostre, a esté tenue en la republique Romaine pour honneste & honnorable, de l'ordre des cheualliers, & par cósequent noble. I'ay dauantage fait voir que de ceste qualité il en est paruenu aux plus grádsmagistrats?

Que reste-il doncques pour monstrer le semblable en toutes Republiques & Monarchies? Vne seulle raison m'en dispence, qui est, que les plus doctes auec lesquels l'autheur de ce plaidoyé s'accorde, disent que c'est l'estat de tous les autres où ceste qualité a esté le moins estimee. Que si l'on en demáde la raison, il y a apparence que c'estoit celle que rendent encor' auiourd'huy quelques Republiques d'Italie, que ceste charge est de soy mesme si puissante que si on y en ioinct vne autre, comme de Senateur, Conseiller d'Estat ou semblable, elle vient à surpasser l'esgallité qui se recherche sur tout aux Republiques. Mais aux Monarchies, où le contraire se trouue, aussi s'est il trouué en ceste qualité: car si nous vouliõs remonter plus haut, nous ramenerions outre cest Eumenes, dont nous auons n'agueres parlé, vne infinité d'autres exemples, qui tesmoignent que les autres Rois, Princes & Seigneurs de Grece ne les ont pas moins estimez qu'Alexandre. Nous verrions entre les Perses par la comparaison de ce qu'estoit Amenide Secretaire de Darius, & auquel le mesme Alexandre donna le gouuernement de Mergete, l'estime qu'ils en faisoient. Nous verrions en fin dans le plus ancien liure du monde: l'honneur auec lequel ceste qualité s'y lit, & les textes qui suiuent celluy, où il dit que la puissance de l'homme est en la main de Dieu, & qu'il mettra son honneur sur la face du Scribe. Mais toutes ces choses, & plusieurs autres mises en leur iour ne seruiroient qu'à esblouyr les esprits, tout ainsi qu'vne trop grande lumiere faict les yeux? C'est pourquoy ie suiuray seullement l'estat des Romains, sur lequel comme sur le plus proche de ces anciens, il semble que le nostre se soit voulu former.

La Republique Romaine estant doncq' comme chacun sçait, retournee à son principe, c'est assauoir au gouuernement d'vn seul, ceux qui l'approcherent (suiuant la coustume ordinaire) se voulans conformer à luy, & comme il auoit non seullement recueilly en soy toute l'autorité, mais aussi pris le nom qui se donnoit le plus rarement de tous, sçauoir est d'Empereur, aussi de ceste qualité les premiers en voulurent ils faire de mesme. Et de là vient que quelques vns nomment la charge en laquelle

laquelle i'ay cy deuant dit qu'Auguste appella Horace *ab Epistolis*, qui semble auoir esté prins à cause que c'est le genre d'escrire auquel on tient que ceux de ceste profession doiuent principalement exceller, & qui n'est pas aussi le moindre de ceux qu'on estime le plus. Que si on vouloit m'obiecter que Horace en refusa Auguste, l'on ne pourroit pas dire pour celà que ce fust par mespris: car outre ce que i'en ay dit cy deuát, il faudroit aussi que Mœcenas qui fut (ainsi que chacun sçait) chef de son Conseil, fust meprisable, en ce qu'Auguste luy enuoyoit ordinairement ses missiues & ses despesches pour les voir, & mesmes corriger si bon luy sembloit, faisant en cela aucunement la charge de Secretaire. Le mesme Suetone donne ce nom *ab*

G

Epistolis à vn nommé Nariſſus que luy & Tacite diſent qui fut des plus fauoris de l'Empereur Claudius; & nous trouuons que le meſme Suetone a tenu ceſte qualité ſoubs l'Empereur Adrian premier. Toutesfois pour monſtrer qu'en meſme temps les Scribes n'eſtoiẽt pas peu eſtimez, c'eſt que le meſme autheur parlãt de Druſus, dict, que ſon corps eſtant apporté d'Allemagne, où il mourut à Rome, les Scribes & Principaux des meilleures villes alloiẽt au deuant pour le receuoir. Il s'en pourroit trouuer en ſuitte d'autres teſmoignages dans les Hiſtoriens qui n'ont pas eſté en ſi grand nombre ny tenuz ſi excellens qu'en ce premier & ſecõd ſiecle. Mais ceux qui ont commenté l'autheur qui s'intitule *Notitia Imperij Romani*, ſemblent nous auoir icy releuez de toute peyne; & c'est pourquoy ie ne celleray point que i'y ay pris la pluspart de ce qui suit puis apres. Vous y voyez donq que soubs les tiltres de *Magistri memoriæ, epistolarum & libellorum*, ils ont assigné le millieu aux Secretaires lesquels toutes leurs auctoritez tirées la pluspart du droict, appellent par tout *spectabiles, clarissimos atque nobilissimos*. Et bien que quelques vns attribuent tous ces tiltres à celle de Maistre des Requestes; toutesfois la difference de leurs charges mostre euidément que leurs qualitez l'estoiēt aussi; auec ce qu'il faudroit que cest autheur qui est si bref eust fait icy vne chose superflue de leur dōner plusieurs noms, ce qui n'est pas vray semblable. Que s'il est permis d'en iuger selon l'exercice

G ij

que chacun faisoit *magister libello-*
rum, ou autremēt, *supplicum officio-*
rum ac Referendarius, se doibt
seullement entendre de celle de
Maistre des Requestes; pource que
outre la mesme signification qu'-
ont ces nōs, leurs charges se rappor
tent à peu pres les vnes aux autres,
en ce que c'estoient eux qui rece-
uoient les requestes qui se presen-
toient à l'Empereur, rendoiēt iustice à sa porte, & estoient Iuges ordinaires de ses officiers. *Magistri epi-*
stolarum estoient ceux ausquels s'a-
dressoient les depputez des Villes,
qui receuoiēt les deliberations du
Prince, & les placets qu'on luy pre-
sentoit. Pour ceux qui s'appelloiēt
magistri memoriæ, estoiēt ceux que
nous pourriōs dire Cōmissaires ou
Controleurs generaux des guerres
qui tenoient le nom & le compte

des soldats, & rapportoient à l'Empereur les merites ou demerites d'vn chacun pour en receuoir la recompéce. Outre tous ces noms que ces mesmes autheurs monstrent qu'ils se sont souuēt confondus les vns parmy les autres, il y en auoit d'autres qui s'apelloiēt tātost *Scriniarij*, à cause de la boëte où se mettoient les expeditions: tantost *Laterculēses à latere*, qui sembloiēt estre ceux que nous disons auiourd'huy du cabinet; tantost *Pragmaticarij*, qui sembloient estre ceux du Conseil ou de la Court, & s'en trouue encore d'autres qui s'appelloient *Silentiarij*, du silence ou secret, car bien que ce mesme nom se donnast aussi à ceux qui se pourroient dire Chambellans, toutesfois on tient qu'il y auoit difference; en ce qu'ils sont sous mesme

G iij

chappitre que ceux qui s'appelloient *Notarij*, & qu'vn des grands Iurisconsultes de ce temps, interpretant vne loy qui en parle, dict que si quelqu'vn qui portast ce nom de *Silentiarius*, ou Notaire du sacré cabinet, venoit à estre mis au nombre des Senateurs, il ne perdoit pas pour cela les priuileges qui estoient par les constitutions accordez à ces charges, comme estans les plus grands de tous, ainsi que nous pouuõs dire des nostres. Cassiodore qui sèble auoir aussi tost faict ceste charge de Secretaire que nulle autre, en ce qu'il a recueilly la pluspart des expeditions qui en deppendent, parlant de celle de Notaire, qu'il descript à peu pres semblable à celle de Secretaire, monstre l'hõneur auquel il l'a tenoit, en ce q'uil louë sõ pere de l'auoir dignement exercée sous Valentinian, & que c'estoit le chemin ouuert à celle de *Primicerius*, à laquelle il dict que les plus grāds se resiouissoient de pouuoir paruenir, & tesmoigne qu'elle fut dōnée à vn qui auoit espousé vne femme de sang Royal. C'est ce mesme autheur que i'ay dict qui auoit plus de sept cens ans auant Philippes le Bel parlé de ce mot de Secretaire. Il ne faut pour cela que voir la 36. formule de son liure 11. & en cest endroit, & en tout plain d'autres qui ne sont pas plus difficiles à trouuer, vous iugerez que tout ainsi que ce qu'il dit dans son plaidoyé a plustost esté pour offencer ceste qualité, que pour seruir à sa cause; aussi ce qu'il a obmis monstre qu'il l'a tant mesprisée, & en a tenu si peu de compte qu'il eust pensé perdre son temps & sa peyne, que d'en rechercher les choses plus communes.

Mais puisque nous sommes venus iusques au temps où ceste Monarchie auoit compté huict Rois, & s'estoit faict signaller apres les Romains pour le plus grand, & plus puissant estat de l'Europe (car ce fut enuiron le regne de Chilperic premier que Cassiodore florissoit) Voyons ie vous prie ce qui se peut trouuer chez nous mesmes. Gregoire de Tours qui n'a escrit qu'enuiron cent ans apres Cassiodore, & qu'on tient le premier des nostres qui aye commencé l'histoire de nos Rois, parlant d'vn nommé Otho, qu'il appelle Referendaire, & par consequent Chancellier ou garde des Sceaux, monstre euidemment qu'à ceste charge estoit ge estoit lors iointe celle de Secretaire: car il dict ces mesmes parolles, Qu'vn Gilles Euesque de Reims estant entre autres choses accusé de tenir iniustement quelques terres appartenantes au Roy, il allegua le don que Childebert luy en auoit faict. Ce que le Roy ayant desnié, & les lettres en estans rapportees, Otho nya les auoir signees, mais soustint que son seing auoit esté contrefaict. Hincmar Archeuesque de Rheims qui fut peu apres Charlemagne, rapporte dauantage au 16. chapitre de sa 3. Epistre, que Chácellier s'appelloit anciennement *à Secretis*; & la diuersité des qualitez qu'on donne à Eghinard le semble confirmer; car tantost il est appellé Chancellier, tantost Referendaire, tantost *à Secretis*, & finallement *ab Epistolis*.

H

comme faict Lipsius en l'histoire, par laquelle il rapporte qu'il espousa l'vne des filles de ce grand Empereur: Budee tesmoigne que iusqu'au regne de Louys le Gros, le Chancelier signoit les lettres patētes. Mais le mesme Hincmar rapportant que sous Charlemagne il y auoit des hommes prudens, intelligens & fidels qui escriuoient, c'est à dire expedioient les mandemens du Prince, & gardoient fidellement ses secrets, Ie pense qu'il seroit assez difficile de iuger precisément le temps, auquel ces charges furent separees. C'est pourquoy n'estimant pas aussi que ce soit chose fort necessaire, ie m'arresteray seulement à celles dont nous pouuons auoir plus certaine cognoissance.

Ie ne m'amuseray pas nom plus,

sur ce nom de Clerc qu'il luy semble nous offecer fort, que de nous donner, mais en laisseray juger à ceux qui en cognoissent aussi bien le merite que l'abus, auquel il est venu ainsi que la pluspart des autres; & quant à celuy de Notaire ie me contenteray aussi, & pense que chacun se doit contenter des tesmoignages que i'en ay rapportez. Reste donc celuy de Secretaire, de l'excellence duquel puisqu'il va par dessus tous, il semble que ie doiue aussi dire dauantage.

Ce nom ayant esté ainsi que la pluspart des autres diuersemét interpreté, tous sont bien demeurez d'accord qu'il vient de secret; mais les vns disent que secret estoit anciennement ce qu'on appelle auiourd'huy la chambre du Conseil,

H ij

les autres le lieu où l'on mettoit les tiltres, papiers & regiſtres plus importans, & que de là ceux qui en auoient la clef, & auſquels il eſtoit ſeullemēt permis d'entrer, ſe ſont ainſi nommez. Mais la plus forte opinion s'en va au ſecret du Prince, duquel ceux qu'on a iugé deuoir le plus participer ſe ſont nommez Secretaires. Que ſi l'autheur de ce plaidoyé la vouloit refuſer, auſſi faudroit-il qu'il reiettaſt la ſienne, meſme en ce qu'il dict au feuillet ſept cens vingt cinq, *que ceux du Roy de Perſe adoroient le Dieu du ſecret pour monſtrer l'extreme fidelité qu'ils doiuent à la garde des ſecrets du Prince.* Il rapporte dauantage, que c'eſtoit du temps des premiers Empereurs crime aux plus grands de donner à leurs Officiers quelqu'vn des noms qui se rapportent à cestuy-cy, comme *ab Epistolis* & autres. Nous ne trouuons pas la mesme rigueur en nos Rois, mais bien est-il certain que du commencement ceste qualité n'estoit donnee qu'à ceux qui leur appartenoient ou aux Princes du sang dont nous auons vn tesmoignage tout recent en la personne de feu Monseigneur le Connestable, lequel entre vne infinité d'autres vertus eut celle de la modestie en telle recommandation que de ne vouloir iamais donner ce nom de Secretaire à pas vn des siens, les appellant seullemēt ses Clercs. On dict que l'abbus des noms est vn grand signe de l'abus des choses, mais de cela il en faudroit vn discours à part. Retournons donc au temps où nous pourrons plus clairement parler de ceste qualité que

H iij

nous n'auons faict iusques à ceste heure.

Le peu d'historiés que non seullement la France, mais aussi la pluspart du monde a euz du temps de Charlemagne iusques à ce grand Roy François, au prix de ceux qui ont esté depuis, a selon l'opinió des plus habilles, empesché que nous ne puissiós auoir certaine cognoissance de tout plain de particularitez assez dignes d'estre sçeuës, & particulierement de la correspondáce qu'il y peut auoir de ce temps là au nostre, tesmoing le grand differend indecis sur la valleur de l'or & de l'argent, qui sont choses dont on a beaucoup plus de soing que non pas des qualitez. C'est pourquoy ie pense qu'on ne desirera pas que ie m'enquere pour cestecy plus auant que ceux qui auparauant moy, & auec beaucoup plus de suffisance, de commodité, & de loisir en ont fait de si curieuses recherches. Ils nous apprennét donc, que bien long temps auparauant que les Secretaires feussent reduicts en college, ils estoient (comme ils sont encores reputez) officiers domestiques des Rois, auoient bouche en leur maison, & d'honnorables appointemens & entretenemens selon la qualité du temps & des choses. Le premier qui les establit en college fut Charles V. enuiron l'an 1370. & sçauoir si ce fut ainsi que dit l'autheur de ce plaidoyé, *En consideration de ce qu'il auoit plus gaigné par sa plume contre les Anglois, occupans ce Royaume que par ses armes propres.* Ie ne pense pas que cela doiue diminuer le merite de cest establisse-

ment & de ceste creation, en vn
temps auquel la pluspart des plus
grandes charges n'estoient encore
que commissions. Mais il n'y a pas
apparence qu'vn Prince tel que
cestuy-cy qui a emporté le tiltre
de Sage par dessus tous les autres, se
feust laissé mouuoir d'vne seulle
consideration, encores que ceste-
cy feust assez considerable. Il sçauoit donc bien que sous l'vn &
l'autre estat des Romains, ceux à la
qualité desquels ceux-cy se pouuoient de plus pres rapporter, a-
uoient esté reduicts sous certaines
milices, colleges, ordres & compa-
gnies, tesmoing la pluspart des autheurs que i'ay nommez cy dessus.
Il sçauoit bien dauantage l'honneur auec lequel ils auoient esté
tenus non seulement entre les Romains, mais comme i'ay dict encore

cores dauantage aux autres estats. Et c'est pourquoy ne se contentât pas de les auoir, tout ainsi que les Empereurs honorez de plus grāds priuileges que nuls autres, il leur donna le tiltre d'officiers de sa maison & Couronne, s'en voulut luy mesme rendre le chef, en porter la premiere qualité, & que ses successeurs en feissent de mesme. Ce que l'autheur de ce plaidoyé s'efforce aussi à la fin de nous tourner en enuye, comme si c'estoit chose qui fust compatible auec le mespris. Mais que dira-il dauantage quand il sçaura que le plus signalé fondement que Louys XI. (qui n'est pas aussi estimé le moins sage de nos Rois) a prins pour confirmer non seulement nos priuileges, mais aussi pour les ampliffier & accroistre a esté sur l'imitation

I

des quatre Euangelistes. Ces choses ne seroiét pas, ie m'asseure, plus agreables à vn goust depraué que les plus ordinaires & communes, encores qu'elles viennent de Princes qui ne tenoient rien du commun: laissons les donc, & sans en esleuer dauantage la dignité & le merite, retournons à la fin de ce plaidoyé pour voir si elle est meilleure que le commencement.

Cest homme s'apperceuát peut estre que de tous les autres Princes Rois & Empereurs, il n'y en auoit point qui eussent plus honnoré ceste qualité que les nostres, & que ce plaidoyé heurtast par consequent dauantage, tourne auec plus d'animosité qu'il n'a cy-deuant faict contre les personnes, & d'autant plus inconsiderémét que les viuans se doiuent moins ou sont plus dangereux à offencer que les morts. Il estoit bien aisé de crier contre ceux qui estoient, il y a plus de quinze cens ans, & si les consequences n'en eussent esté pires que le subject, nous ne nous en feussions pas mis beaucoup en peine ; mais sans en auoir excepté vn seul qui viue, dire que la reputation de tro● qui estoiēt, il y a vn & deux siecles, *doiue clorre la bouche, & abaisser le sourcil aux Secretaires de present*, cela certes est insuportable, encores que ce soit moins que d'autres termes qui suiuēt puis apres. Et toutesfois pource que comme i'ay monstré cy-deuant, ie ne veux pas seulement m'abstenir de luy rendre la pareille, mais aussi de toucher tout ce qui pourroit releuer, & monstrer ses fautes, ie m'arresteray seullemēt

I ij

à l'examen de ceste partie pour venir à la conclusion qu'il en tire, & monstrer quelle est encores pire que le reste.

Tous ceux qu'on tient auoir le mieux apprins & enseigné a parler disent que lors qu'il est question de toucher les personnes, il faut necessairemēt monstrer que nous y sommes forcez, & que nous les sçauons bien discerner comme a cy-deuant monstré Ciceron. Mais cestuy-cy pour auoir plustost fait, & sur le plus vain subiect qu'il eust peu choisir, s'est de gayeté de cœur porté à dire de tous, ce qui offenceroit mesmes les moindres, de sorte que du plus petit iusques au plus grand, il ne s'en trouuera vn seul excepté qui viue. Or pource qu'embrassant tousiours le general ie suis aussi obligé de luy respōdre de mesme, ie suppliray ceux pui en voudront iuger iustement, de se representer la pluspart des autres professions, ordres & compaignies, pour voir s'il ne s'en peut pas imaginer les mesmes choses qu'en peu de parolles. ie diray libremét & veritablemét de cestecy.

Il y en a, ie le confesse & le recognois par moy-mesme, qui ne cognoissent & n'honnorent pas assez ceste charge. Mais est-ce à dire qu'il faille iuger le mesme du reste, & que les deffauts de quelques vns y doiuent plus nuyre que le merite & le respect des autres y peuuent seruir? Les trois qu'il nomme doncq sont Gerard de Monthagu, Alain Chartier, & Budee. Mais ne s'en pouuoit il trouuer auiourd'huy par la comparaison desquels le mespris des autres peust autant paroistre? Ie n'ignore pas ce qu'estoit ce premier, & la recompéce qu'il receut de ses bons seruices. Ie sçay bien aussi que ce second rendit mesme vne Princesse amoureuse de sa bouche d'or, & pour ce grand & renommé Budee qu'il luy iecte dignement les lys à plaines mains. Mais se peut-il nyer que pource qui regarde la perfection de ceste charge, il y en a eu du depuis, & y en a encores de present qui n'ont esté procedez que du temps par ceux-cy, & par quelques autres que ce puisse estre? Ce n'est pas de ceux-là, dira-il peut estre, que i'ay entendu parler, & à la verité ce seroit chose aussi dangereuse côme impertinéte. Mais à quelle fin auez vous donc rapporté l'exemple de ceux qui ont esté aussi rares en leur siecle que ceux-cy le sont au leur? Quoy est-ce vne honte à tous de n'estre pas si riches que ce Monthagu? si eloquens que Chartier? & si doctes que Budee? La lumiere de ces premiers, efface à la verité celle des autres, & d'autant plus qu'elle est grāde; Mais se peut-il aussi nyer qu'il n'y en ayt entre ces deux extremitez qui en portēt aussi dignement le nom qu'autres qui ayent iamais esté? Combien s'en trouuera-il premierement qui apres auoir passé par les plus honnorables charges se tiennent à ceste-cy; d'autres qui les ioignent ensemble? Il y a, ce tient-on, eu aux plus signallez estats quelque chemin ouuert à ceux dont la fortune pouuoit supporter les tiltres de Noblesse, comme par exemple celuy entre les Romains qui auoit certain reuenu vaillant en estoit Iuge digne. Quant donc il n'y auroit autre consideration en ce Royaume pour les charges qui acquierent ce tiltre, la prudence de nos Rois seroit-elle pas exempte du blasme que vous luy donnez si ouuertement? Mais ce n'est pas en cela que ie dis que ce corps, à le prendre en general, se peut aussi bien aussi honnorablement, & aussi dignement soustenir que nul autre, c'est en ceux qui ont esté soigneux de s'en rendre aussi dignes par le merite que par la fortune, lesquels ne sont pas en si petit nõbre que vous auez pensé, & eussét ie m'asseure moderé vostre plume si vous les eussiez vn peu cogneuz dauantage.

Passons doncq' outre, & venons à la fin qu'on tient, qui doit tousiours

iours couronner l'œuure, *Puis (di-*
ctes vous) que leurs pretendus priuile-
ges n'ont pas esté verifiez à la Cour,
la personne est prou capable d'anno-
blir le Secretariat, non le Secretariat
la personne. Voila d'admirables cō-
sequēces. Mais afin d'en iuger nettement, examinons en le subiect,
Leurs priuilleges (dictes-vous) n'ont
pas esté verifiez à la Court. Dōcques
s'il feust apparu à la Cour qu'elle les
a verifiez, elle n'eust pas dōné l'arrest q̄ vo⁹ rapportez, car c'est *la rai-*
son principalle, sur laquelle vous di-
ctes qu'elle s'est fondee: & la coustume du Mayne n'eust de rien seruy?
Mais voyez ie vous prie ce qui s'en
pourroit ensuiure. Il n'y a rien plus
cōmun entre ceux de vostre robbe que l'arrest donné sur mesme
differend, meu pour la succession
du sieur de la Roche Thomas Cō-
K

seiller à la Cour, par lequel il a esté dict le mesme qu'en cestuy-cy, sçauoir est qu'au desir de la coustume du Mayne ses enfans partageroiēt esgallemēt pour les biens feodaux qui n'auroient point faict souche, c'est à dire pour ceux dont l'ayeul & le pere n'auroient point iouy. Se pourroit il donc pas conclurre à vostre compte (ceste verification supposee) que la Cour eust icy plus respecté nos priuilleges que non pas les siens, & que de ceste façon vous auriez comme cest ancien Prophete beny ceux que vo⁹ auez pensé maudire. Mais à Dieu ne plaise que nous voulions à vostre imitation raisonner les arrests de la Cour, ny en tourner l'interpretation contre elle mesme; bien que nous en peussions auoir beaucoup plus d'excuse que non pas vous; en ce que verifiant vne declaration concernant noſtre creation, & nos priuilleges par ſon Arreſt du 11. Septẽbre 1587. elle prononça ces meſmes parolles. Qu'apres le partement du Roy, la Royne ſeroit treſ-humblemẽt ſuppliee moyenner vers ſa majeſté qu'il luy pleuſt accorder à ſa Cour pareils priuileges qu'aux Secretaires de ſa maiſon & Couronne. En auroit elle donc à voſtre aduis dict cela ſi elle ne les auoient aprouuez? & les auroit elle approuuez ſi elle ne les auoit verifiez? Toutesfois quand cela ne ſeroit point, ſçauez vous pas que pour le particulier de l'annobliſſemẽt ou toute voſtre queſtion alloit, ceux meſmes qui s'expedient purement & ſimplement, ne s'adreſſẽt qui ne veut à la Cour, & par conſequent que ceſtuy-cy

K ij

seroit en beaucoup plus forts termes. Non pour cela que ie vueille dire qu'ils n'en valleussent mieux, car ie tiens que quelque chose qui passe par ceste auguste & celebre Cour se rend tousiours meilleure. Mais quãd apres tout, ceste forme y auroit manqué, & que la Cour s'y seroit ainsi que vous dictes principallement fondee, que ne vo⁹ y estes vous arresté de mesme? sans vous esgarer en tãt de choses, & qui en sont du tout esloignees. Ie pourrois à ces raisons enioindre plusieurs autres qui monstreroiẽt de plus en plus le peu de subiect que vous en auez eu de tourner contre vn corps, & qui plus est cõtre vne qualité entiere, sans besoin quelconque, vn subiect du tout particulier, où vous auez mesme allegué des conuentions particulieres, où le corps n'a iamais esté appellé, veu, ny ouy. Mais i'ayme mieux employer le peu qui me reste à examiner comme i'ay promis ces deux belles conſequences.

La premiere eſt, *que la perſonne eſt prou capable d'annoblir le Secretariat.* Dóques vo⁹ aduouez q̃ ceſte qualité n'eſt pas incapable de Nobleſſe. Mais dictes moy ie vous prie comment cela ſe pourroit-il faire en vne qualité qui a eſté reputee en toutes Republiques & Monarchies pour vile & mecanique. On tient que l'excellẽce de la matiere ſe iuge de la diſpoſition qu'elle a à ſa forme. Trouueriez vous donc point auſſi bien qu'au reſte quelque Philoſophie qui monſtraſt le contraire. Paſſons toutesfois cecy, puiſqu'il nous eſt ſi viſiblement fauorable, & que l'autre nous obli-

K iij

ge d'y demeurer beaucoup dauantage.

Le Secretariat, dictes-vous, *ne peut pas annoblir la perſonne.* Ie laiſſe ce terme de Secretariat qui monſtre le reſte de voſtre meſpris. Mais comment eſtes vous demeuré iuſques icy ſans dire vn ſeul mot de ceſte charge (i'entends de ce qui eſt de ſa fonction) pour en parler ſi determinément. Il y a bien grande difference entre les perſonnes, & la qualité ainſi que i'ay cy-deuant monſtré, mais auſſi y a-il entre ce quell' eſt eſtimee, & ce quell' eſt en effect. Quoy ſi vous auez dict, ſi vous auez peſé cela, il n'eſt beſoin d'autre choſe pour le perſuader? Mais non, vous y amenez vne cōparaiſon qui confirme cela, & tout le reſte. *Les armes d'Achilles*, dictes-vous, *demandoient Ayax, & nom pas*

Ayax les armes d'Achilles? Quoy doncques cest œuure d'vn Dieu, & à present d'vne Deeße, estoit-il si peu de soy-mesme, & Ayax comme on dict feust-il mort de despit d'en estre refusé, s'il ne l'eust estimé capable de l'annoblir dauantage? Ie ne veux pas icy faire bouclier de l'ordonnance qui veut que ceste qualité serue d'accroissement, de generosité à ceux qui auront de naissance le tiltre de noblesse, & de ce qui suit encores plus aduantageusement pour les vns & pour les autres. Ie ne veux pas non plus me preualoir contre vous de l'Arrest donné au Conseil le 22. Februrier 1607. pour la presceance de ceux de ceste qualité au dessus d'vn, lequel outre l'ancienneté de sa Noblesse monstroit le pouuoir qu'a sa qualité de iuger souuerainement, car c'est chose qui n'est non plus publiee que tout plain d'autres. Mais auez vous peu ignorer les arrests rapportez par Chenu tiltre 32, Deux du mesme Conseil donnez depuis huict ans en ça: cest autre plus ancien pour mesme prescéance au dessus du Iuge Magé, & Lieutenant general d'Agenois, les authoritez qu'il rapporte là dessus d'vn premier Presidét du Parlement de Bourdeaux, de Papon, de Combes, de Bacquet, & du Parlement mesme de ceste Ville, lequel à son ouuerture & premiere sceance, à Tours donne le costé droit aux Secretaires du Roy, & aux Lieutenans & Presidiaux de Tours l'autre. Ie ne puis donc que ie ne m'estonne comment vous auez peu passer tant de choses sans en respecter quelqu'vne, car afin de n'en de n'en dire pas dauantage, pensez vous que ceux mesmes qui ont concuré d'honeur auec ceste qualité approuuassent ce que vous en dites? Vous sçauez bien qu'il n'y a maxime plus commune que ceste cy, que chasque chose comprend en soy la dignité de toutes celles qui sont au dessous. Commét leur pourriez vous donc plaire sans réuerser l'ordre de la nature aussi bié que celuy estably partant de loix, d'edicts, ordonnaces, & d'arrests? Mais ce ne seroit pas seulement troubler comme vous auez faict toute l'antiquité, ce seroit aussi réuerser les choses plus recentes, & les presentes mesmes: car afin de ne retourner plus d'où nous sommes venus: Ignorez-vous en quel estime ceste qualité est maintenát tenue aux autres natiós? En Espa-

L

gne, & principallement depuis qu'elle a commencé à s'accroistre? En Angleterre où l'ordre y est annexé, tesmoing ce Sicille que nous auons veu Ambassadeur en Frāce. Pour l'Italie il n'y a personne qui n'en sçache encores dauantage. Ie ne veux alleguer la recommandation que Machiauel faict à son Prince de ceux de ceste qualité par dessus tous autres, sinon en tāt que les plus habiles, entre lesquels est Lipsius, en font estat, luy donnans ceste paticuliere louange qu'où il a bien faict il est impossible de mieux faire. Ie ne veux pas non plus louer la façon dont le Secretaire d'vn Seigneur de Pise succeda à son maistre en ceste souueraineté, ny celuy d'Espagne que nous voyons encor'auiourd'huy du ressentiment qu'il a prins du fien: & auſſi peu à Scribano, qui de nos iours a eu pouuoir desbraſ-ler le plus puiſſant eſtat qui ſoit de preſent au monde, car ie n'eſtime pas que l'authorité & la puiſſance ſe doiuent plus eſtimer que le de-uoir. Mais nous aprenons des au-tres parties du Leuant que ceſte qualité eſt tant eſtimee pres des Rois Princes & ſeigneurs qu'il n'y en a point qui paroiſſe dauantage. Les Italiens qui nous donnent ces nouuelles y adiouſtent vne infi-nité de louanges pour auctoriſer celle qu'ils s'attribuent de ce coſté là. Et à la verité il faut neceſſaire-ment confeſſer qu'ils la meritent ou mancquent en ceſt endroit de la reputation qu'ils ont acquiſe d'eſtre les plus habilles du mõde, en ce qu'ils honnorent ceſte qua-lité par deſſus tous les autres. Teſ-

L ij

moins (outre ce que i'en ay dict) leurs meilleurs autheurs, Platine, Machiauel, Guichardin, Bembo, Sadoletto, & vne infinité d'autres, lesquels par ce moyen sont paruenus aux premieres dignitez de l'estat & de l'Eglise, & quelques vns à la souueraine. Aussi ont ils esté la pluspart curieux, non seulement d'en retenir le nom, mais aussi d'en escrire quelque chose; les vns en esleuans le merite par dessus les plus dignes qualitez, les autres en descriuant la charge qu'ils soustiennent tantost politique, tátost d'orateur, & finalement luy donnent l'vne & l'autre partie, comme sa matiere & sa forme. Il est aisé de se persuader combien il seroit facile de s'estendre là dessus & difficile de s'en abstenir, le subiect & la necessité mesme s'y offrant si visiblement d'eux mesmes: toutesfois pource que i'en ay desia plus dict que ce plaidoyé & sa conclusion ne merite, ie me contenteray comme au reste, d'en toucher succinctement quelque chose pour mõstrer que son autheur a aussi peu de cognoissance de la qualité que des personnes, ou qu'il doit estre necessairement condamné de pis.

Toutes qualitez, ou plustost dignitez (puis que les meilleurs aupheurs mettent ceste-cy sous ce tiltre) se doiuent ainsi que les choses, estimer selon la fin qui leur est trop osee. C'est vne maxime qui ne reçoit nulle exception. Quelle autre pourriõs nous dõc chercher à ceste cy que celle que l'autheur mesme de ce plaidoyé luy accorde, parlant des Scribes du Roy de Perse? & combien plus parfaicte-

L. iij

ment le nom de Secretaire qu'elle porte à present signifie-il ceste diuinité du secret qu'il leur attribue. Mais quand il n'y auroit eu autre consideration sinon que ceste adoration leur estoit(ainsi qu'il rapporte) commune auec les conseillers d'estat, quelle apparence y auoit-il de se contredire puis apres si visiblement luy mesme? Il eust esté beaucoup plus excusable de prendre vn party, quelque faux qu'il eust peu estre, & y rapporter des raisons vray-semblables, comme il s'en peut trouuer en touttes choses, que de s'estre tantost ietté d'vn costé, tantost de l'autre, & le plus souuent destruict ce qu'il a estably. Mais afin d'euiter le mesme posons ce premier fondement, que le secret est la fin principalle du Secretaire, & que suiuant sa dignité il faut aussi iuger celle de la qualité à laquelle elle est proposee: car de reuenir icy aux personnes il seroit encores moins à propos qu'en tout ce que nous auons mõstré cy-deuant.

Le secret a donc esté tenu entre les anciés pour chose diuine, puisque comme tel il a esté adoré. Ce qui se dit de Tantale le confirmeroit dauantage. Mais qu'est-il besoing de rechercher le tesmoignage des Dieux, où celuy des hommes peut plus que suffire? Les plus habilles n'ont pas seulement faict vne estroicte obseruation de l'hõnorer: mais aussi de la mettre au dessus des choses qui s'honnorent le plus, luy donnans tous ceste diffinition commune, Que c'est l'ame de l'estat & du Prince. Que s'en peut, & que s'en doit-il donc ima-

giner? Ie laiſſe cela à la partie, à laquelle il ſe cōpare. Voyons encor plus ſuccintemēt l'eſtime particulier de ſa vertu. Le plus docte des Grecs enquis quelle choſe eſtoit la plus difficile du monde, reſpondit que c'eſtoit taire ce qui ne ſe debuoit pas dire. Eſt-ce dōc pas iuger de meſme, qu'il n'y a point de vertu plus grande; ſi toutesfois la vertu s'eſtime par la difficulté. Ie ne rapporteray point les autres choſes qui s'en diſent, pource qu'eſtās plus eſleuees elles ſembleroient incroyables, ſinon que ceſte vertu eſtāt iugee naturellemēt, plus rare entre no^9 qu'ētre toutes les autres nations, elle ſe doit par conſequēt eſtimer dauātage. Mais pource q̄ cela ſēble entre no^9 regarder plus preciſemēt ceux qui en tiēnent les
premieres

premieres dignitez, & que leur louäge & leur reputation surpasse tout ce que i'ay raporté des autres, ce que i'y pourrois adiouster, & par cósequét le subiect particulier de ce plaidoyé. Ie passeray & finiray comme i'ay commécé a ceux qu'il semble auoir voulu plus directement offenser.

Il y en a (pour ne rien dissimuler) qui sont plus esloignez du merite des premiers que n'est leur exercice. Ie le cófesse, & cóme i'ay souuent dit, ie le recognois par moy-mesme. Mais est-ce à dire pour cela qu'il luy ayt esté permis d'en parler si indignement, & n'est-il question pour condamner vne qualité que d'en trouuer qui en soiët moins dignes que les autres? S'il eust encores entrepris ceste-cy par la comparaison de ceux qui la

M

font, & qu'elle faict si dignement paroistre, il eust du moins satisfait quelquesvns. Mais de s'estre efforcé de la desraciner s'il se peut dire, & renuerser de fonds en comble, c'est estre plus aueugle, mais non pas si fort que celuy qui s'enseuelist soubs vne mesme ruyne auec ses ennemis : de sorte que le plus de gré qu'il doibt à son plaidoyé, c'est de n'auoir esté capable d'en esmouuoir q̃ la moindre partie: car si auec ceux qui en tiénent les premieres dignitez, le corps entier qui a cest honneur de les auoir pour ses plus nobles parties s'estoit voulu remuer la dessus, ou en seroit-il? & quelle excuse pourroit il prendre ? Que c'est en qualité d'Aduocat, & non pas d'Historien qu'il a ainsi parlé. Mais quel honneur feroit-il premierement à sa robbe, & puis quel autre, de ceux qui y ont acquis tant de reputation, pourroit-il dire, qui eust iamais rien faict de semblable? Persuader des choses si esloignees non seulement de la verité, mais aussi de l'apparance, & que ceste auguste & celebre Cour les a ouyes approuuees & s'y est arrestee, contre vn corps duquel elle a iugé, ce que nous auons veu cy dessus, & duquel chacun sçait que mesme le predecesseur de celuy, qui en est auiourd'huy le chef a autresfois esté. Ie laisse à penser ce que ie n'en voudrois pas dire.

Ie ne veux pas non plus m'arrester sur l'iniure qu'il fait à la mesme Court d'appeller vile & mecanique, vne qualité & vn corps, duquel l'ordonnance veut que ses Greffiers en chef, & ceux des

M ij

autres Cours souueraines soient tirez. Mais pour monstrer en fin que le plus ordinaire & le plus commun de ceste charge est plus qu'il n'a voulu faire le tout. Est-ce chose vile & mecanique d'exprimer l'intention de sa Majesté surtant & de si diuerses affaires ? signer & donner la premiere forme aux lettres qui portent son nom, en respondre, & en estre tenus pour les premiers Iuges ? Il n'y a personne qui n'aduoue que c'est chose honneste de sçauoir exprimer ses conceptions. Mais celles d'vn autre, d'vn Prince, d'vn souuerain, & d'vn Roy qui ne confessera que c'est quelque chose dauātage? Pour la diuersité des affaires. En quelle autre condition s'en peut-il trouuer dauantage, de plus importantes, & de plus honestes?

si l'on peut appeller ainsi la police, la Iustice & les finances. Quant au premier tesmoignage qu'ils rendent de la Iustice des lettres, c'est bien quelque chose, mais non pas au prix du iugement qu'ils en font, & de la raison qu'ils sont tenus d'en rendre deuant ce Soleil de Iustice, & en l'vne des plus celebres actions de sa charge. C'est pourquoy ie ne puis que ie ne me esblouïsse en l'imagination de choses si esloignees de ce que l'autheur de ce plaidoyé a osé dire, escrire, faire imprimer, & mettre en lumiere. Que si pour le rēdre plus odieux, & ceste defense plus fauorable, ie voulois representer les raisons particulieres qui y peuuēt mouuoir celuy qui tient auiourd'huy ce souuerain degré, & celuy de tant d'autres vertus, de com-

M iij

bien surpasseroiét elles toutes celles que i'ay remarquees cy dessus? Il est aisé de se l'imaginer, & ne seroit gueres moins de les escrire. Mais pource que ce que i'ay dit iusques icy est plus que suffisant pour inuiter sa iustice, quelque douce qu'elle puisse estre, à reparer ceste offense plus seuerement que nous ne pourriós desirer nous mesmes, ie me deporteray du reste. Me contétant pour mon particulier d'auoir en ceste occasion & selon le peu que ie puis, rendu à ceste qualité l'honneur que i'ay pensé luy deuoir. Souhaitant pour celuy qui s'est efforcé de nous l'oster, qu'il pense vne autre fois mieux à ce qu'il aura à dire, & preuiéne toutes autres occasiós de se plaindre dauantage de luy.

FIN.

www.ingramcontent.com/pod-product-compliance
Lightning Source LLC
Chambersburg PA
CBHW070301100426
42743CB00011B/2299